L'APÉRO

Chefclub® NETWORK

L'APÉRO

CHEFCLUB
ÉDITIONS

SOMMAIRE

INTRODUCTION

Au commencement, il y avait l'apéro
L'apéro, c'est l'essence même de Chefclub ! Le partage, la convivialité, la simplicité… Quand nous avons démarré l'aventure, ce moment cher à tous nous a offert un format de prédilection.
Nous y avons appliqué les codes créatifs Chefclub afin de vous permettre de réaliser à coup sûr un chef d'œuvre apéritif digne de rentrer dans les annales. Vos heureux convives ne l'oublieront pas de sitôt ! En tous cas, jusqu'au prochain apéro :)

Le livre et les vidéos sont maintenant connectés
Sur chacune des recettes du livre, vous découvrirez un QR code :

Vous ne savez pas encore ce que c'est ? Ne paniquez pas ! Cherchez simplement en bas de page ce petit symbole et dirigez vers lui la caméra de votre téléphone. Vous accéderez ainsi à la vidéo dans l'application Chefclub.

Bonne lecture et bon appétit !

L'équipe Chefclub

L'HEURE DE L'APÉRO

LES PETITES BARQUES TOMATES

CAMEMBERT EN VUE, À L'ABORDAGE !

6 PERSONNES

PRÉPARATION
35 minutes

INGRÉDIENTS
3 pâtes feuilletées
5 tomates
1 oignon blanc
1 camembert
Basilic

MATÉRIEL
1 verre
1 moule à charnière

1 Découper 9 disques dans chaque pâte feuilletée à l'aide du verre retourné (1). Rouler le haut et le bas de chaque disque vers l'intérieur puis pincer les 2 extrémités pour former des barquettes.

2 Couper les tomates et l'oignon en petits dés et mélanger avec les feuilles de basilic ciselées. Remplir les barquettes avec la préparation (2).

3 Placer le camembert sans le couvercle au centre du moule puis disposer les barquettes en cercle tout autour (3). Enfourner 25 minutes à 180 °C. À la sortie du four, retirer la charnière du moule et couper la croûte supérieure du camembert. Déguster en trempant les barquettes dans le fromage fondu (4).

ASTUCE CHEFCLUB

Cette recette est inspirée d'un plat national géorgien, les khachapuri, qui sont des chaussons de pain, légèrement briochés, farcis au fromage, le sulguni, et surmontés d'un œuf. Si vous avez aimé la version apéro, laissez-vous tenter par le format géant !

1

2

3

4

LES BOULES KIRI®

3 BOULES KIRI®, S'IL VOUS PLAÎT !

8 PERSONNES

PRÉPARATION
15 minutes

INGRÉDIENTS
Pour 8 boules
4 tranches de jambon blanc
12 Kiri®
100 g de farine
3 œufs
150 g de chapelure
Huile végétale
Sauce tomate

MATÉRIEL
1 cuillère à glace
1 casserole

1 Découper les tranches de jambon en fines lamelles. Mélanger ensuite les portions de Kiri® et les lamelles de jambon dans un récipient (1).

2 Faire des boules de Kiri® à l'aide de la cuillère à glace (2). Paner chaque boule en les passant successivement dans la farine, les œufs battus et la chapelure.

3 Dans la casserole, faire frire les boules dans l'huile bouillante jusqu'à ce qu'elles soient dorées (3). Déguster bien chaud avec de la sauce tomate (4).

ASTUCE CHEFCLUB
Une fois les boules de Kiri® panées, placez-les 30 minutes au congélateur avant de les faire frire pour qu'elles gardent bien leur forme pendant la cuisson. Si vous êtes un adepte des épices, vous pouvez ajouter du paprika ou bien du curry au fromage, un vrai délice !

1

kiri
2

3

kiri
4

LES SUSHIS CUBES

DES SUSHIS PRÊTS EN UN RIEN DE TEMPS

4 PERSONNES

PRÉPARATION
20 minutes

INGRÉDIENTS
300 g de riz à sushi
10 cl de vinaigre de riz
1 avocat
2 bâtonnets de surimi
1 tranche de saumon fumé
150 g de fromage à tartiner
50 g de thon frais
8 crevettes
Graines de sésame
Ciboulette
Mayonnaise
Sauce soja

MATÉRIEL
1 épluche-légumes
1 bac à glaçons
Film alimentaire

1 Dans un saladier, mélanger le riz cuit avec une cuillère de vinaigre de riz et les graines de sésame (1). Poser le film alimentaire sur le bac à glaçons (2). Éplucher l'avocat et couper de fines lamelles à l'aide de l'épluche-légumes (3).

2 Déposer dans une rangée du bac à glaçons des lamelles d'avocat et des morceaux de surimi (4). Dans une deuxième rangée, mettre des morceaux de saumon fumé et du fromage à tartiner. Dans une troisième rangée, placer de la ciboulette ciselée et des morceaux de thon. Terminer avec une rangée de crevettes et de mayonnaise.

3 Finir de remplir les cavités avec le riz (5) et réserver 30 minutes au réfrigérateur (6). Démouler sur une planche et enlever le film alimentaire (7-8). Déguster en trempant les sushis dans la sauce soja (9).

ASTUCE CHEFCLUB
Un riz à sushi parfait est tout sauf gluant ! Pour cela, il faut retirer l'amidon qui fait coller les grains entre eux à la cuisson. Trempez le riz cru dans plusieurs bains jusqu'à ce que l'eau redevienne transparente et que le grain de riz blanchisse.

1
2
3
4
5
6
7
8
9

LA TARTE FLEUR

LES P'TITES SAUCISSES SE TRANSFORMENT EN FLEURS À CROQUER

4 PERSONNES

PRÉPARATION
15 minutes

INGRÉDIENTS
Pour 4 tartes
4 saucisses de Francfort
1 pâte à pizza
4 œufs
80 g de mozzarella râpée
Ciboulette
Sel et poivre

MATÉRIEL
4 piques à brochettes
1 ramequin
1 cure-dent
1 plaque allant au four
Papier cuisson

1 Insérer les piques à brochettes sur les côtés des saucisses (1), faire des entailles et couper les extrémités (2). Retirer ensuite les piques et disposer les saucisses en rond, en laissant un trou au milieu (3).

2 Couper 4 disques dans la pâte à pizza à l'aide du ramequin (4) et placer une saucisse sur chaque disque. À l'aide du cure-dent, replier la pâte vers l'intérieur de chaque entaille pour former les petites fleurs (5). Ajouter la mozzarella râpée au centre des fleurs (6), saler et poivrer, puis enfourner 10 minutes à 180 °C.

3 Déposer un jaune d'œuf au centre des fleurs (7) et enfourner 3 minutes à 180 °C. À la sortie du four, saupoudrer les fleurs de ciboulette puis déguster avec quelques feuilles de salade (8-9).

ASTUCE CHEFCLUB
Si vous n'avez pas de four, cette recette est possible à la poêle ! Faites saisir des 2 côtés les fleurs dans un peu de matière grasse. Cassez enfin les œufs dedans et laissez cuire à couvert 3 minutes le temps que les jaunes cuisent !

1
2
3
4
5
6
7
8
9

LE CAMEMBERT AUX NOISETTES

C'EST PLUS QU'UN CAPRICE...

4 PERSONNES

PRÉPARATION
15 minutes

INGRÉDIENTS
Pour 8 bouchées
1 camembert
80 g de noisettes
8 tranches de carpaccio de bœuf
100 g de farine
2 œufs
100 g de chapelure
Huile végétale

MATÉRIEL
1 poêle à bord haut

1 Couper le camembert en 8 parts égales (1). Concasser les noisettes (2) puis rouler les morceaux de camembert dedans (3).

2 Enrouler une tranche de carpaccio sur chaque portion de camembert (4). Paner les morceaux en les passant successivement dans la farine (5), les œufs battus et la chapelure (6).

3 Faire chauffer l'huile quelques minutes dans la poêle. Faire frire ensuite les morceaux de camembert panés de chaque côté (7). Déguster chaud (8-9).

ASTUCE CHEFCLUB
Pour choisir un camembert du commerce pasteurisé, il faut se fier à la date limite de consommation : 30 jours avant la date, le camembert est peu fait et il est assez ferme ; 20 jours avant, il est moelleux et plus affiné ; enfin, 10 jours avant, il est très coulant et très parfumé, à son apogée !

1
2
3
4
5
6
7
8
9

LES COURGETTES PANÉES

UN DÉLICIEUX CŒUR FONDANT

4 PERSONNES

PRÉPARATION
25 minutes

INGRÉDIENTS
Pour 16 bouchées
2 courgettes
1 c. à s. d'huile d'olive
140 g de St Môret®
50 g de mozzarella râpée
100 g d'épinards
100 g de farine
1 œuf
100 g de chapelure
Huile végétale
Sel et poivre

MATÉRIEL
1 poêle à bord haut

1 Couper les courgettes en rondelles de 2 cm (1). Former des anneaux de courgette en récupérant la chair au centre et la faire revenir 5 minutes dans la poêle avec un peu d'huile d'olive (2).

2 Mélanger la chair de courgette cuite, le St Môret®, la mozzarella râpée, les épinards cuits 2 minutes à la poêle, le sel et le poivre (3-4). Remplir chaque anneau de courgette avec la préparation (5).

3 Paner les rondelles en les passant successivement dans la farine (6), l'œuf battu et la chapelure (7). Faire frire dans l'huile bouillante (8). Déguster avec quelques feuilles de salade et des tomates (9).

ASTUCE CHEFCLUB
Pour obtenir une texture idéale, faites rendre son eau de végétation à la courgette. Faites cuire vos légumes à la vapeur quelques heures avant, puis laissez-les tranquillement refroidir dans une passoire.

1

2

3

4

5

6

7

8

9

LE PAIN LASAGNE

DE DÉLICIEUSES LASAGNES DANS LEUR LIT DE PAIN

8 PERSONNES

PRÉPARATION

20 minutes

INGRÉDIENTS

1 pain de campagne
10 cl d'huile d'olive
1 bouquet de persil
1 gousse d'ail
1 oignon
500 g de viande hachée
100 g de sauce tomate
1 c. à s. d'herbes de Provence
500 g de feuilles de lasagnes fraîches
20 cl de béchamel
100 g de mozzarella râpée

MATÉRIEL

Papier aluminium

1 Évider l'intérieur du pain. Émincer le persil et l'ail et mélanger à l'huile. Badigeonner l'intérieur du pain avec le mélange (1). Dans une poêle, faire revenir l'oignon émincé et la viande. Ajouter la sauce tomate et les herbes de Provence (2).

2 Recouvrir le fond du pain de feuilles de lasagne (3), de viande et de béchamel. Répéter l'opération 2 fois. Ajouter de la mozzarella sur la béchamel. Disposer une dernière couche de pâtes, de viande et de béchamel. Pour finir, garnir le dessus de mozzarella.

3 Entourer le pain de papier aluminium et enfourner 35 minutes à 180 °C. Déguster en coupant de fines tranches du pain garni (4).

ASTUCE CHEFCLUB

Si vous n'arrivez pas à trouver des pâtes fraîches, vous pouvez utiliser des lasagnes sèches. Pour les précuire facilement, faites chauffer de l'eau dans une bouilloire et versez l'eau bouillante sur les lasagnes. Attendez 2 minutes avant de pouvoir les disposer dans votre pain.

1

2

3

4

LES BROCHETTES APÉRITIVES

UN APÉRO QUI TOMBE À PIC !

4 PERSONNES

PRÉPARATION
25 minutes

INGRÉDIENTS
Pour 8 brochettes
1 pâte feuilletée
12 tomates cerises
200 g de cheddar
12 olives vertes
12 Knacki® Ball
2 jaunes d'œufs
Moutarde
Ketchup

MATÉRIEL
Piques à brochettes
1 plaque allant au four
Papier cuisson

1 Découper la pâte feuilletée en lamelles de 2 cm de largeur (1) puis le cheddar en cubes (2).

2 Assembler la moitié des brochettes en faisant passer plusieurs fois une lamelle de pâte feuilletée au-dessus d'un cube de cheddar puis en dessous d'une tomate cerise (3). Répéter l'opération avec l'autre moitié des brochettes en alternant une olive verte (4) et une Knacki® Ball. Fixer le tout à l'aide des piques à brochettes (5).

3 Disposer les brochettes sur la plaque recouverte de papier cuisson (6), badigeonner de jaune d'œuf (7) puis enfourner 20 minutes à 210 °C. Déguster avec de la moutarde et du ketchup (8-9).

ASTUCE CHEFCLUB

Dans cette recette, la clé est de travailler la pâte feuilletée rapidement car la chaleur la rend collante et difficile à manipuler. Afin de mettre toutes les chances de votre côté, déroulez la pâte sur une planche et placez-la 10 minutes au congélateur, vous aurez un peu de sursis avant la grande fonte !

1
2
3
4
5
6
7
8
9

LES POMMES DE TERRE TOURBILLON

ELLES VONT FAIRE TOURNER DES TÊTES

4 PERSONNES

PRÉPARATION
35 minutes

INGRÉDIENTS
300 g de pommes de terre
70 g de beurre
1 c. à c. de sel
1 c. à c. de sucre
15 cl d'eau
80 g de farine
3 œufs
Noix de muscade
Huile végétale
Poivre

MATÉRIEL
1 poche à douille
1 douille
1 casserole

1 Éplucher et cuire les pommes de terre dans de l'eau salée. Égoutter puis écraser afin d'obtenir une purée (1) en ajoutant du poivre et une pincée de noix de muscade.

2 Porter à ébullition l'eau, le beurre, le sel et le sucre dans une casserole. Ajouter la farine hors du feu et bien mélanger à l'aide d'une spatule. Replacer la casserole sur le feu et mélanger pour chauffer la pâte. Ressortir du feu. Battre les œufs puis les incorporer progressivement à la préparation (2) jusqu'à ce que la pâte devienne lisse et épaisse.

3 Ajouter la purée de pommes de terre à la pâte puis placer la préparation dans une poche à douille. Faire frire en formant directement des spirales dans l'huile bouillante (3). Égoutter ensuite les frites à l'aide d'un morceau de papier absorbant. Déguster bien chaud avec du ketchup ou de la sauce barbecue (4).

ASTUCE CHEFCLUB
Pour parfaitement réussir vos spirales, formez-les au préalable et placez-les au congélateur au moins 1 heure !

1

2

3

4

LES MINI-STICKS SURPRISES

UNE EXPÉRIENCE FORTE EN MOZZARELLA

4 PERSONNES

PRÉPARATION
20 minutes

INGRÉDIENTS
Pour 8 mini-sticks
3 boules de mozzarella
1 tranche de jambon cru
2 tomates séchées
1 c. à s. de ricotta
2 œufs
100 g de chapelure
Basilic
Huile végétale
Ketchup

MATÉRIEL
1 moule rectangulaire
1 rouleau à pâtisserie
1 poêle à bord haut

1 Placer les boules de mozzarella au centre du moule (1) et enfourner 10 minutes à 180 °C. Étaler ensuite le fromage fondu en rectangle à l'aide du rouleau à pâtisserie.

2 Diviser le rectangle de mozzarella en 2 dans la longueur. Ajouter le jambon cru et les tomates séchées sur un rectangle et des feuilles de basilic et la ricotta sur l'autre. Enrouler les 2 rectangles sur eux-mêmes pour former 2 rouleaux (2).

3 Couper les rouleaux en tranches d'environ 3 cm (3) puis les passer successivement dans les œufs battus et la chapelure. Dans la poêle, faire frire chaque morceau dans l'huile bouillante jusqu'à ce qu'ils soient dorés. Déguster bien chaud avec du ketchup (4).

ASTUCE CHEFCLUB
Vous pouvez faire fondre la mozzarella au micro-ondes. Réglez-le à la moitié de sa puissance maximale et faites cuire par intervalles de 30 secondes en prenant soin de bien mélanger entre chaque cuisson. Il vous suffira ensuite de l'étaler de la même manière pour reprendre le fil de la recette.

1

2

3

4

L'APÉRO PODIUM

3 FROMAGES DÉFILENT POUR NOUS

8 PERSONNES

PRÉPARATION
30 minutes

INGRÉDIENTS
Pour 8 feuilletés
9 saucisses Knacki®
3 Babybel®
3 Vache qui rit®
2 Kiri®
2 pâtes feuilletées
2 jaunes d'œufs
Persil

MATÉRIEL
1 plaque allant au four
Papier cuisson

1 Faire des entailles sur 3 Knacki® de façon à obtenir 8 parts égales attachées les unes aux autres (1) et les enrouler autour des Babybel® pour former des fleurs (2). De la même manière, entailler 3 saucisses de façon à obtenir 3 parts égales et les disposer autour des Vache qui rit® pour former des triangles (3). Entailler, pour finir, les saucisses restantes de façon à obtenir 4 parts égales et les déposer autour des Kiri® pour former des carrés (4).

2 Déposer les fleurs, les triangles et les carrés sur les pâtes feuilletées (5). Détourer la forme des Knacki® à l'aide d'un couteau à 1 cm des saucisses (6) puis replier la pâte feuilletée vers l'intérieur de chaque entaille (7).

3 Placer les feuilletés sur la plaque recouverte de papier cuisson. Badigeonner de jaune d'œuf (8) et enfourner 15 minutes à 180 °C. À la sortie du four, saupoudrer de persil ciselé puis déguster avec quelques feuilles de salade (9).

ASTUCE CHEFCLUB
Ne jetez pas vos peaux de Babybel®, recyclez-les ! Faites fondre la cire dans un pot de confiture, par exemple. Placez une mèche et versez la cire chaude dans le moule que vous aurez choisi : vous obtiendrez une jolie bougie pour décorer votre table !

1
2
3
4
5
6
7
8
9

LES MINI-BURGERS MCDO®

LE VRAI BEST OF !

4 PERSONNES

PRÉPARATION
25 minutes

INGRÉDIENTS
2 pâtes à pizza
100 g de viande hachée
6 nuggets de poulet
3 petits poissons panés
2 tranches de cheddar
1 tranche d'edam
3 tomates cerises
2 jaunes d'œufs
2 cornichons
1/2 oignon
Moutarde
Sauce burger
Mayonnaise
Sauce tartare
Ketchup
Graines de sésame

MATÉRIEL
1 bac à glaçons
1 plaque allant au four
Papier cuisson

1 Étaler une pâte à pizza sur le bac à glaçons (1) et former chaque cube avec les doigts (2).

2 Déposer, dans une rangée du bac à glaçons, un morceau de viande hachée, un morceau de cheddar, une rondelle de cornichon, du ketchup et de la moutarde. Dans une deuxième rangée, mettre un morceau de viande hachée, un morceau de cheddar, une demi-tomate cerise et de la sauce burger. Dans une troisième rangée, placer un morceau de nugget cuit, un morceau d'edam et de la mayonnaise. Finir avec une rangée de poisson pané cuit, de l'oignon haché et de la sauce tartare (3).

3 Recouvrir le bac d'une seconde pâte à pizza, appuyer pour souder et couper l'excédent (4). Démouler le tout sur la plaque recouverte de papier cuisson. Badigeonner de jaune d'œuf (5) et saupoudrer de graines de sésame (6). Découper entre chaque cube (7) et enfourner 15 minutes à 180 °C. Déguster bien chaud avec des frites et de la sauce (8-9).

ASTUCE CHEFCLUB
Mais quelle est donc la recette de la mystérieuse sauce burger ? En voici une qui s'en approche : mélangez dans un récipient 2 cuillères à soupe de mayonnaise, 1 cuillère à café de moutarde, de vinaigre, de ketchup, d'ail en poudre et de sucre, un peu de sel et de poivre. Coupez 2 cornichons en petits cubes et mélangez-les à la préparation. Placez ensuite le récipient au réfrigérateur et la sauce est prête !

1
2
3
4
5
6
7
8
9

L'APÉRO TRIO

3 IDÉES POUR TRIPLER LE PLAISIR DE L'APÉRO

8 PERSONNES

PRÉPARATION
40 minutes

INGRÉDIENTS
Pour 16 pièces
1 pâte à pizza rectangulaire
150 g de sauce tomate
100 g de mozzarella râpée
250 g de viande hachée
2 gousses d'ail
1 c. à s. d'huile d'olive
4 tranches de jambon
5 tranches d'emmental
3 pâtes feuilletées
6 mini-boules de mozzarella
6 tomates cerises
6 olives dénoyautées
6 Knacki® Ball
3 jaunes d'œufs
Basilic
Persil
Sel et poivre

MATÉRIEL
Piques à brochettes
1 plaque allant au four
Papier cuisson

1 Préparation des brochettes :
Couper la pâte à pizza en 3 rectangles puis ajouter la sauce tomate, la mozzarella râpée et le basilic (1). Enrouler les bandes sur elles-mêmes dans la longueur. Mélanger la viande, l'ail haché et le persil ciselé, l'huile d'olive, le sel et le poivre (2) puis faire des boulettes. Assembler les boulettes et la pâte garnie puis fixer le tout à l'aide des piques à brochettes (3).

2 Préparation des soleils :
Déposer le jambon et l'emmental sur une pâte feuilletée et l'enrouler sur elle-même (4). Couper des tronçons de 3 cm. Découper 6 disques dans une seconde pâte à l'aide d'un verre. Inciser le centre des disques en étoile et orienter les pointes vers l'extérieur (5). Mettre les tronçons au milieu des soleils (6).

3 Préparation des fleurs :
Découper des bandes dans la dernière pâte feuilletée (10 cm x 2 cm) puis former des petits anneaux. Disposer 3 anneaux côte à côte. Garnir avec des mini-boules de mozzarella et des tomates cerises d'une part puis des olives et des Knacki® Ball d'autre part (7). Pincer au centre des anneaux pour former les fleurs (8). Badigeonner les 3 préparations de jaune d'œuf puis les enfourner 8 minutes à 180 °C. Déguster tiède (9).

ASTUCE CHEFCLUB
Préférez la chaleur traditionnelle pour des plats qui croustillent (tartes, pizzas). Pour des plats en gratin, privilégiez la chaleur tournante pour un maximum de moelleux.

1

2

3

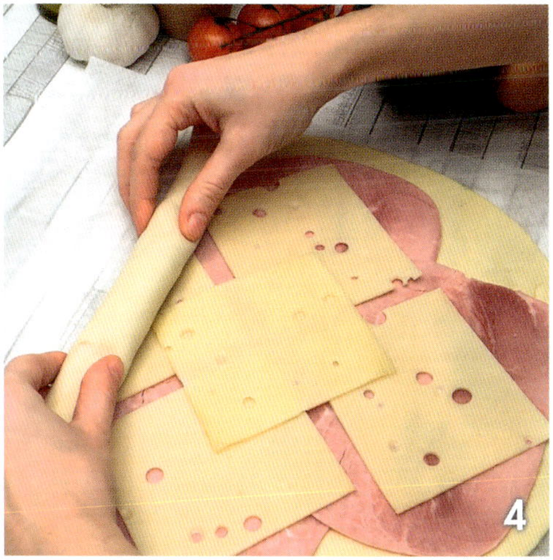
4

5

6

7

8

9

ONION RINGS MOZZARELLA

IL FALLAIT Y PENSER !

8 PERSONNES

PRÉPARATION
15 minutes

INGRÉDIENTS
4 oignons rouges
1 bloc de mozzarella
150 g de farine
4 œufs
150 g de chapelure
Huile végétale
Sauce tomate

MATÉRIEL
1 casserole

1 Couper les oignons en rondelles de 2 cm puis séparer les anneaux (1). Couper ensuite la mozzarella en tranches dans le sens de la longueur puis couper chaque tranche en 2 toujours dans le sens de la longueur.

2 Placer une tranche de mozzarella entre 2 anneaux d'oignon (2). Répéter l'opération autant de fois que possible puis placer les anneaux 1 heure au congélateur.

3 Paner les onion rings en les passant successivement dans la farine, les œufs battus et la chapelure (3). Faire frire les anneaux dans l'huile bouillante. Déguster avec de la sauce tomate chaude (4).

ASTUCE CHEFCLUB
Pour faire face à l'éternel problème des larmes liées à la découpe de l'oignon, voici notre astuce la plus efficace : mettez un cure-dent dans votre bouche ! Cela aura pour effet d'attirer les gaz irritants de l'oignon vers votre langue humide qui absorbera l'effet.

1

2

3

4

COOKIE COURGETTE

UN PEU DE SALÉ DANS CE MONDE DE SUCRÉ

6 PERSONNES

PRÉPARATION
20 minutes

INGRÉDIENTS
Pour 12 cookies
4 courgettes
100 g de farine
1 œuf
50 g de parmesan
4 tranches de jambon cru
150 g de mozzarella râpée
Sauce tomate

MATÉRIEL
1 râpe à fromage
1 plaque allant au four
Papier cuisson

1 Râper les courgettes à l'aide d'une râpe à fromage. Saler puis les égoutter dans un torchon (1). Mélanger ensuite les courgettes râpées, la farine, l'œuf et le parmesan (2).

2 Former des cercles de pâte sur la plaque recouverte de papier cuisson. Ajouter du jambon cru et de la mozzarella sur chaque cookie (3). Recouvrir avec le reste de pâte.

3 Enfourner 20 minutes à 200 °C en surveillant régulièrement la coloration puis déguster tiède avec la sauce tomate (4).

ASTUCE CHEFCLUB
Pensez à bien choisir votre courgette : elle doit être lourde, de petite taille, avec une peau bien brillante et sans tâches brunes. Vous pouvez la conserver de 4 à 6 jours dans un endroit frais et sec.

1

2

3

4

LE FLOCON APÉRITIF

IL NEIGE DU FROMAGE !

8 PERSONNES

PRÉPARATION
40 minutes

INGRÉDIENTS
Pour 16 cristaux
2 pâtes à pizza rectangulaires
200 g de jambon cru
1 boule de mozzarella
100 g de fromage à raclette
60 g de gorgonzola
100 g de parmesan
1 jaune d'œuf

MATÉRIEL
1 ramequin
1 plaque allant au four
Papier cuisson

1 Recouvrir les pâtes à pizza de tranches de jambon cru (1). Répartir des tranches de mozzarella, des bâtonnets de fromage à raclette et des dés de gorgonzola (2). Saupoudrer de parmesan (3).

2 Enrouler les pâtes à pizza sur elles-mêmes de façon à former 2 rouleaux (4) et refermer les extrémités (5). Couper ensuite chaque rouleau en 8 tronçons (6) puis refermer chaque tronçon pour former un petit pain.

3 Beurrer l'extérieur du ramequin et le placer au centre de la plaque recouverte de papier cuisson. Disposer les petits pains en étoile autour de celui-ci puis badigeonner de jaune d'œuf (7).

4 À l'aide de ciseaux, faire 3 entailles sur chaque pain (8) et enfourner 30 minutes à 180 °C. Enlever le ramequin et déguster avec quelques feuilles de salade et des tomates (9).

ASTUCE CHEFCLUB
Pour obtenir une pâte à pizza savoureuse, vous pouvez saupoudrer la pâte d'épices (curry, paprika, cumin, curcuma...) ou d'herbes séchées (thym, origan, basilic, romarin...) avant de la remettre en boule et de la ré-étaler avec un rouleau à pâtisserie.

1

2

3

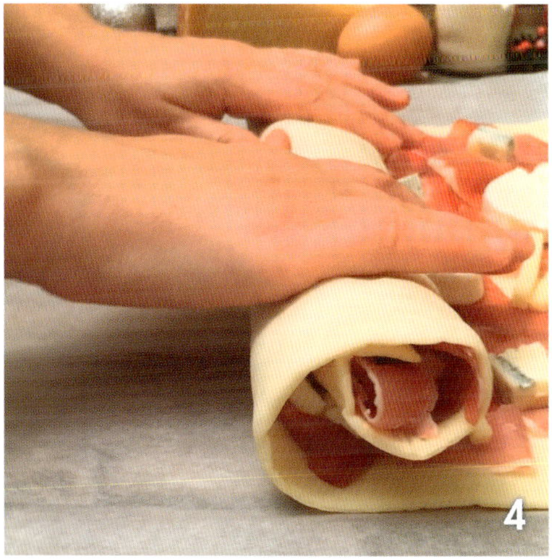
4

5

6

7

8

9

LES BÂTONNETS DE MOZZARELLA DELUXE

L'APÉRO EN 1ÈRE CLASSE

4 PERSONNES

PRÉPARATION
15 minutes

INGRÉDIENTS
Pour 8 bâtonnets
1 grosse pomme de terre
1 boule de mozzarella
8 tranches de chorizo
2 jaunes d'œufs
100 g de chapelure
Huile végétale
Ketchup

MATÉRIEL
1 mandoline
1 poêle à bord haut

1 Couper la pomme de terre en 2 dans le sens de la longueur puis en fines lamelles à l'aide de la mandoline. Disposer une tranche de chorizo au centre de chaque lamelle de pomme de terre (1).

2 Couper la mozzarella en allumettes (2). Déposer un morceau de mozzarella au centre de chaque tranche de chorizo puis rouler les lamelles de pomme de terre de façon à former des bâtonnets.

3 Passer les bâtonnets successivement dans les jaunes d'œufs battus (3) et la chapelure puis les faire frire dans l'huile bouillante à la poêle. Déguster les bâtonnets bien chauds avec du ketchup (4).

ASTUCE CHEFCLUB
Choisissez une pomme de terre de type Bintje si vous la passez à la friteuse. Sa chair farineuse est parfaitement adaptée car elle absorbe moins l'huile que les autres variétés. Elle est aussi idéale pour réaliser des purées ou des chips.

1

2

3

4

LA PIZZA NEM

LE CROQUANT DU NEM, LE GOÛT DE LA PIZZA !

6 PERSONNES

PRÉPARATION
20 minutes

INGRÉDIENTS
Pour 6 nems
6 feuilles de brick
1 boule de mozzarella
6 tomates cerises
3 tranches de jambon cru
50 g de sauce tomate
1 gousse d'ail
1 c. à s. d'huile d'olive
Basilic
Huile végétale

MATÉRIEL
1 poêle à bord haut

1 Couper les feuilles de brick en carrés, la mozzarella en tranches et les tomates cerises en 4.

2 Déposer au bas de chaque feuille de brick une demi-tranche de jambon cru (1), 1 c. à c. de sauce tomate (2), une tranche de mozzarella (3), 3 morceaux de tomate cerise, une feuille de basilic (4), un filet d'huile d'olive et de l'ail haché.

3 Rabattre les bords sur les côtés et rouler les feuilles de brick sur elles-mêmes (5-6). Souder le bord avec un peu d'eau. Faire frire les nems dans la poêle avec de l'huile bouillante jusqu'à ce qu'ils soient dorés (7). Déguster bien chaud avec de la sauce tomate (8-9).

ASTUCE CHEFCLUB
Les plus aventuriers d'entre vous peuvent réaliser eux-mêmes leur pâte à brick. L'équation est simple : 10 cl d'eau tiède, 80 g de farine, 1 pincée de sel et 1 cuillère à soupe de semoule fine de blé dur. Une poêle anti-adhésive huilée et à votre pinceau ! Trempez-le et enduisez votre poêle du mélange puis laissez cuire.

1

2

3

4

5

6

7

8

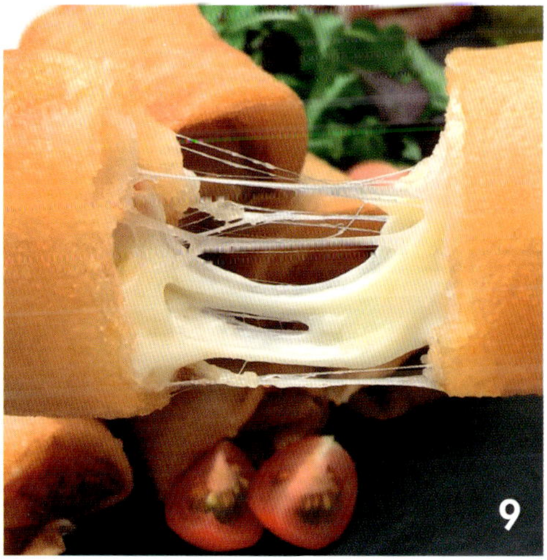
9

LE CROQUE-RAVIOLI

MI-CROQUE, MI-RAVIOLI

8 PERSONNES

PRÉPARATION

20 minutes

INGRÉDIENTS

Pour 16 croque-ravioli
8 tranches de pain de mie
4 tranches de jambon blanc
16 Kiri®
2 œufs
20 cl de lait
Sauce tomate

MATÉRIEL

1 rouleau à pâtisserie
1 poêle

1 Aplatir les tranches de pain de mie à l'aide du rouleau à pâtisserie. Découper les tranches de jambon en carrés de la même taille que les Kiri®. Aux 4 coins de la moitié des tranches de pain, superposer un carré de jambon et un Kiri® en veillant à laisser un peu d'espace tout autour (1).

2 Recouvrir chaque tranche de pain de mie avec une seconde tranche. Appuyer entre les Kiri® afin de souder les tranches de pain entre elles et découper 4 croque-ravioli au couteau. Souder tous les bords à l'aide d'une fourchette (2).

3 Tremper les croque-ravioli dans un mélange d'œufs et de lait puis les faire cuire quelques minutes dans une poêle chaude légèrement huilée en les retournant régulièrement (3). Déguster bien chaud en les trempant dans la sauce tomate chaude (4).

ASTUCE CHEFCLUB

Des Kiri® plein le frigo, mais pas de pain de mie ? Cette recette marche très bien avec une pâte à pizza. Comme la recette initiale, soudez à l'aide d'une fourchette et poêlez avec un minimum de matière grasse. Les ravioles seront cuites lorsque des bulles se créeront sur la pâte !

1

2

3

4

L'APÉRO-CUBE

UN MÉLI-MÉLO DE SAVEURS À PARTAGER

4 PERSONNES

PRÉPARATION
35 minutes

INGRÉDIENTS
2 pâtes à pizza
8 mini-boules de mozzarella
1 petit pavé de saumon
40 g de crème fraîche
2 tranches de jambon cru
30 g de cheddar râpé
50 g de feta
4 tomates cerises
Sauce tomate
Basilic
Aneth

MATÉRIEL
1 bac à glaçons
1 plaque allant au four
Papier cuisson

1 Étaler une pâte à pizza sur le bac à glaçons (1) et former chaque cube avec les doigts.

2 Déposer dans une rangée de cubes une demi-tomate cerise et un cube de feta (2). Dans une deuxième rangée, mettre une mini-boule de mozzarella et une feuille de basilic (3). Dans une troisième rangée, placer un morceau de jambon cru et du cheddar râpé (4). Finir avec une rangée de saumon, de la crème fraîche et de l'aneth (5-6).

3 Recouvrir le bac d'une seconde pâte à pizza, la souder et couper l'excédent de pâte (7). Placer au réfrigérateur 15 minutes puis démouler le tout sur la plaque recouverte de papier cuisson. Découper entre chaque cube et enfourner 15 minutes à 180 °C (8). Tremper les petits cubes dans la sauce tomate et déguster bien chaud (9).

ASTUCE CHEFCLUB
Que ce soit pour les préparer à l'avance ou tout simplement mieux démouler vos apéro-cubes, placez le bac à glaçons au congélateur une dizaine de minutes minimum. Dans ce cas, pensez à allonger le temps de cuisson de quelques minutes !

1
2
3
4
5
6
7
8
9

LA FONDUE KNACKI®

EN MODE APÉRO, ET ON SE CHAUFFE POUR L'HIVER

8 PERSONNES

PRÉPARATION
20 minutes

INGRÉDIENTS
1 brie
100 g de tomates séchées
1 gousse d'ail
2 pâtes feuilletées
10 saucisses Knacki®
1 jaune d'œuf
Ciboulette

MATÉRIEL
1 plaque allant au four
Papier cuisson

1 Former un cercle à l'aide d'un couteau sur le dessus du brie et retirer la croûte. Garnir l'intérieur du brie de tomates séchées, d'ail haché et de ciboulette ciselée (1). Refermer le brie avec la croûte. Poser le brie garni au centre d'une des pâtes feuilletées.

2 Disposer 5 Knacki® autour du brie (2). Replier les bords de la pâte sur les saucisses (3). Découper chaque saucisse en 5 morceaux. Tourner les Knacki® en rayons autour du brie (4-5).

3 Sur la seconde pâte feuilletée, couper des bandes de la taille des Knacki® restantes. Les enrouler autour des saucisses (6) et les couper en 5 morceaux. Poser les morceaux de saucisse sur la première couronne (7). Badigeonner de jaune d'œuf, disposer sur la plaque recouverte de papier cuisson et enfourner 20 minutes à 200 °C. Retirer la croûte (8) et déguster bien chaud (9).

ASTUCE CHEFCLUB

Savez-vous différencier le brie de Melun du brie de Meaux ? Une fois que vous le saurez, vous pourrez faire le malin lors de votre prochain dîner ! Le brie de Meaux est plus grand que le brie de Melun, avec 35 cm de diamètre, 7 cm de plus que le brie de Melun, qui, malgré sa petite taille, est plus fort en goût.

1

2

3

4

5

6

7

8

9

LES MINI-FEUILLETÉS APÉRO

EN FORME DE PETITS BOUTONS À CROQUER

4 PERSONNES

PRÉPARATION
25 minutes

INGRÉDIENTS
Pour 9 mini-feuilletés
2 pâtes brisées
2 tranches de saumon fumé
3 tranches de coppa
3 tomates cerises
5 cl de crème fraîche
1 jaune d'œuf
50 g de sauce tomate
50 g d'edam
50 g de mimolette
1 boule de mozzarella
Aneth

MATÉRIEL
1 verre
1 paille
1 plaque allant au four
Papier cuisson

1 Découper 18 disques de pâte brisée à l'aide du verre retourné (1-2). Garnir 3 disques de pâte avec chaque préparation : la crème fraîche, le saumon fumé et l'aneth (3) ; la coppa, une tranche de mozzarella et une demi-tomate (4) ; et la sauce tomate, les morceaux d'edam et de mimolette (5).

2 Faire 4 trous avec la paille au centre des 9 disques de pâte restants pour former des boutons (6-7) et les disposer sur les disques garnis. À l'aide du verre, appuyer sur les disques pour souder les bords (8).

3 Disposer les disques sur la plaque recouverte de papier cuisson puis les badigeonner de jaune d'œuf. Enfourner 20 minutes à 180 °C et déguster bien chaud (9).

ASTUCE CHEFCLUB
Comme dans la plupart de nos recettes, nous vous indiquons d'utiliser seulement quelques brins d'herbes. Comment les conserver le plus longtemps possible ? C'est simple : enroulez les herbes dans du papier essuie-tout et humidifiez le tout en le passant sous un filet d'eau.

1

2

3

4

5

6

7

8

9

LES BEIGNETS DE CANNELLONI ARRABBIATA

UN APÉRO QUI A DU PIQUANT

6 PERSONNES

PRÉPARATION
40 minutes

INGRÉDIENTS
Pour 12 beignets
6 cannelloni
120 g de tomates concassées
2 gousses d'ail
3 gouttes de Tabasco® rouge
24 mini-boules de mozzarella
150 g de farine
4 œufs
100 g de chapelure
Persil

MATÉRIEL
1 sac de congélation
1 plaque allant au four
Papier cuisson

1 Cuire les cannelloni 3 minutes dans de l'eau bouillante salée (1), les égoutter puis les couper en 2.

2 Faire cuire les tomates concassées, l'ail finement haché, le Tabasco® rouge et le persil ciselé dans une poêle (2). Placer ensuite la sauce dans le sac de congélation. Mettre une mini-boule de mozzarella à une extrémité de chaque cannelloni. Couper le coin du sac, s'en servir de poche à douille pour remplir les pâtes, puis refermer avec une seconde mini-boule.

3 Passer les pâtes successivement dans la farine, les œufs battus et la chapelure. Déposer les cannelloni sur la plaque recouverte de papier cuisson (3) et enfourner 15 minutes à 190 °C. Déguster bien chaud avec quelques feuilles de salade (4).

ASTUCE CHEFCLUB
Pour neutraliser les odeurs de friture dans votre cuisine, faites bouillir du vinaigre blanc dans une casserole non recouverte. Les vapeurs absorberont les odeurs tenaces de la pièce.

1

2

3

4

MINI-CROQUE-MONSIEUR SAUMON ET BOURSIN®

MAXI-GOURMANDS !

4 PERSONNES

PRÉPARATION
20 minutes

INGRÉDIENTS
Pour 8 croque-monsieur
4 tranches de pain de mie
1/2 Boursin® Ail et Fines Herbes
4 tranches de saumon fumé
300 g de chapelure
3 œufs
10 cl de lait
Aneth
Huile végétale

MATÉRIEL
1 flûte à champagne
1 poêle à bord haut

1 À l'aide de la flûte à champagne retournée, découper 4 disques dans chaque tranche de pain de mie (1) et 8 disques de saumon.

2 Tartiner chaque disque de pain avec du Boursin® (2). Disposer ensuite un disque de saumon fumé (3), ajouter un brin d'aneth (4), et refermer les croque-monsieur avec les disques de pain restants (5).

3 Battre les œufs et le lait dans un bol. Paner les mini-croque-monsieur en les passant successivement dans les œufs battus (6) et la chapelure (7) puis les faire cuire à feu doux dans une poêle avec un filet d'huile (8). Déguster tiède avec de la crème fraîche et de l'aneth (9).

ASTUCE CHEFCLUB
Pour une recette 0 gâchis, 0 déchet, réutilisez les chutes de saumon fumé pour réaliser des verrines. Superposez une couche d'un mélange de Boursin®, d'aneth et de saumon, et une couche de dés d'avocat.

1
2
3
4
5
6
7
8
9

LA PIÈCE MONTÉE APÉRO

PLUS BESOIN DE SE MARIER !

8 PERSONNES

PRÉPARATION
35 minutes

INGRÉDIENTS
Pour une pièce montée de 40 cm
6 pâtes à pizza rectangulaires
40 olives vertes dénoyautées
40 tomates cerises
40 Knacki® Ball
5 jaunes d'œufs
10 cl de crème liquide
250 g de raclette
Persil
Poivre

MATÉRIEL
1 plaque allant au four
Papier cuisson
2 morceaux de carton
Papier aluminium
Cure-dents

1 Préparation des boules :
Découper chaque pâte à pizza en 20 carrés (1) et disposer en leur centre une tomate cerise, une Knacki® Ball ou une olive verte (2). Former des boules avec chaque morceau de pâte (3) puis les déposer sur la plaque recouverte de papier cuisson. Badigeonner de jaune d'œuf et enfourner 15 minutes à 180 °C.

2 Fabrication du présentoir :
Découper un triangle de 35 cm de hauteur et de 15 cm de largeur dans le carton puis un second de 40 cm de hauteur et de 15 cm de largeur. Faire une entaille sur le plus grand des triangles en partant du centre de la base jusqu'à 5 cm de la pointe (4). Assembler les triangles afin de former le présentoir puis le recouvrir de papier aluminium (5-6).

3 Assemblage :
À la sortie du four, piquer les boules sur le présentoir avec les cure-dents (7). Faire fondre la raclette et la crème liquide afin d'obtenir un mélange lisse. Verser ensuite sur la pièce montée (8), puis la saupoudrer de persil ciselé et de poivre. Déguster bien chaud avec quelques feuilles de salade et des tomates (9).

ASTUCE CHEFCLUB
Votre fondue forme une masse compacte ? Diluez 2 cuillères à soupe de fécule de maïs dans 3 cuillères à soupe de vin blanc et portez à ébullition en remuant sans arrêt. Ajoutez peu à peu cette préparation et continuez à mélanger jusqu'à ce que la fondue redevienne homogène.

1
2
3
4
5
6
7
8
9

MERCI

Chefclub lève son verre et vous dit un grand merci !

Après le succès du premier livre Chefclub et suite aux nombreuses demandes de la communauté, nous avons œuvré à la création d'une collection de nouveaux livres thématisés. Nous le réaliserions plus tard mais, à l'échelle de notre équipe, réussir à publier tant de nouveautés en si peu temps relevait du miracle.

Aussi, il s'agit de conclure en soulignant les efforts et la solidarité dont ont fait preuve les membres de l'équipe Chefclub. En particulier ceux qui, habituellement, ne travaillent pas sur l'édition et qui ont pourtant décidé de prêter main forte au reste du groupe afin d'assurer une sortie de ce livre sans encombre.

Amicalement,

L'équipe Chefclub

Chefclub

ENCORE FAIM ?

Découvrez, dans la même collection, tous les livres de recettes Chefclub.
De l'apéro au dessert : il y en a pour tous les goûts !

COLLECTION **À LA CARTE**

2018, Snacking Media
53, rue de Chabrol
75010 Paris - France

Dépot légal : août 2018
ISBN : 978-2-490129-12-6
Imprimé en Italie par Print Co en août 2018